# 中国故事成語百選

## ワークブック

岩本憲司編

汲古書院刊

# 中国故事成語百選　ワークブック

〔凡例〕

一、本書は、大学における漢文講読・演習用のテキストとして編集したが、そのまま、学生自身が書き込むノートともなるので、ワークブックと称する。

一、「百選」とは、単なる数字合わせで、格別な選択の基準はないが、一応、その出典が『隋書』経籍志に著録されているものに限った。つまり、由緒正しきものを選んだ。配列も、その順による。また、漢文読解力の養成にもなるよう、あまり短いものはやめ、ある程度の長さをもった文章を選んだ。

一、本書は、他書によくある形式とは違い、タイトルも出典も示していない。中国の古典というものについて、あれこれ、いろいろと調べる能力を身につけて欲しいからである。

一、本書の体裁は、右ページが本文、左ページが学生の書き込み用である。このうち、左ページについては、解説を要する。

【意味】……当該成語の原義を記入する。

【出典】……出典を篇名まで記入した上で、それがどのような書物なのか、作者・時代・形式・内容等を記入する。

【語釈】……本文中のいくつかの語（人名・地名・書名・物名・難語等）について、必要に応じて説明する。

【備考】……現在の使用法が原義とずれてきている場合は、そのことを指摘する。また、類似の成語があったら、出典も含めて、それを紹介する。

【訳文】……現代語訳を記入する。書き下し文は好ましくない。訓読も採用したい場合は、右ページの本文に、返り点・送り仮名をつけるようにする。

一、本文はほぼ通行本によったが、専門書ではないので、校勘の問題は、無視せざるを得なかった。

# 中国故事成語百選　ワークブック

1〔　〕

坤至柔而動也剛　至靜而德方　後得主而有常　含萬物而化光　坤道其順乎　承天而時行
積善之家　必有餘慶　積不善之家　必有餘殃　臣弑其君　子弑其父　非一朝一夕之故
其所由來者漸矣　由辯之不早辯也　易曰　履霜堅冰至　蓋言順也　直其正也　方其義
也　君子敬以直内　義以方外　敬義立而德不孤　直方大　不習无不利　則不疑其所行也
陰雖有美　含之以從王事　弗敢成也　地道也　妻道也　臣道也　地道無成而代有終也
天地變化　草木蕃　天地閉　賢人隱　易曰　括囊　无咎无譽　蓋言謹也　君子黄中通
理　正位居體　美在其中　而暢於四支　發於事業　美之至也　陰疑於陽必戰　爲其嫌於
无陽也　故稱龍焉　猶未離其類也　故稱血焉　夫玄黄者　天地之雜也　天玄而地黄

【意味】

【出典】

【語釈】

【備考】

---

【訳文】

（2）

詩者志之所之也　在心爲志　發言爲詩　情動於中　而形於言　言之不足　故嗟歎之　嗟
歎之不足　故永歌之　永歌之不足　不知手之舞之　足之蹈之也　情發於聲　聲成文　謂
之音　治世之音　安以樂　其政和　亂世之音　怨以怒　其政乖　亡國之音　哀以思　其
民困　故正得失　動天地　感鬼神　莫近於詩　先王以是經夫婦　成孝敬　厚人倫　美教
化　移風俗　故詩有六義焉　一曰風　二曰賦　三曰比　四曰興　五曰雅　六曰頌　上以
風化下　下以風刺上　主文而譎諫　言之者無罪　聞之者足以戒　故曰風　至于王道衰
禮義廢　政教失　國異政　家殊俗　而變風變雅作矣　國史明乎得失之迹　傷人倫之廢
哀刑政之苛　吟詠情性　以風其上　達於事變而懷其舊俗者也　故變風發乎情　止乎禮義
　發乎情　民之性也　止乎禮義　先王之澤也　是以一國之事　繫一人之本　謂之風　言
天下之事　形四方之風　謂之雅　雅者正也　言王政之所由廢興也　政有小大　故有小雅
焉　有大雅焉　頌者美盛德之形容　以其成功告於神明者也　是謂四始　詩之至也

【意味】

【出典】

【語釈】

【備考】

【訳文】

3（　）

曾子寢疾　病　樂正子春坐於床下　曾元曾申坐於足　童子隅座而執燭　童子曰　華而睆　大夫之簀與　子春曰　止　曾子聞之　瞿然曰　呼　曰　華而睆　大夫之簀與　曾子曰　然　斯季孫之賜也　我未之能易也　元　起易簀　曾元曰　夫子之病革矣　不可以變　幸而至於旦　請敬易之　曾子曰　爾之愛我也不如彼　君子之愛人也以德　細人之愛人也以姑息　吾何求哉　吾得正而斃焉斯已矣　擧扶而易之　反席未安而沒

【意味】

【出典】

【語釈】

【備考】

---

【訳文】

4〔一〕

有子與子游立　見孺子慕者　有子謂子游曰　予壹不知夫喪之踊也　予欲去之久矣　情在於斯　其是也夫　子游曰　禮　有微情者　有以故興物者　有直情而徑行者　戎狄之道也　禮道則不然　人喜則斯陶　陶斯咏　咏斯猶　猶斯舞　舞斯慍　慍斯戚　戚斯歎　歎斯辟　辟斯踊矣　品節斯　斯之謂禮　人死　斯惡之矣　無能也　斯倍之矣　是故制絞衾設蔞翣　爲使人勿惡也　始死　脯醢之奠　將行　遣而行之　既葬而食之　未有見其饗之者也　自上世以來　未之有舍也　爲使人勿倍也　故子之所刺於禮者　亦非禮之訾也

【意味】

【出典】

【語釈】

【備考】

---

【訳文】

5〔　　〕

所謂誠其意者　毋自欺也　如惡惡臭　如好好色　此之謂自謙　故君子必愼其獨也　小人
閒居　爲不善　無所不至　見君子　而后厭然揜其不善而著其善　人之視己　如見其肺肝
然　則何益矣　此謂誠於中　形於外　故君子必愼其獨也　曾子曰　十目所視　十手所指
　其嚴乎　富潤屋　德潤身　心廣體胖　故君子必誠其意　詩云　瞻彼淇澳　菉竹猗猗
有斐君子　如切如磋　如琢如磨　瑟兮僩兮　赫兮喧兮　有斐君子　終不可諠兮　如切如
磋者　道學也　如琢如磨者　自脩也　瑟兮僩兮者　恂慄也　赫兮喧兮者　威儀也　有斐
君子　終不可諠兮者　道盛德至善　民之不能忘也　詩云　於戲　前王不忘　君子賢其賢
而親其親　小人樂其樂而利其利　此以沒世不忘也

【意味】

【出典】

【語釈】

【備考】

---

【訳文】

（6）

所謂治國必先齊其家者　其家不可教　而能教人者　無之　故君子不出家　而成教於國
孝者所以事君也　弟者所以事長也　慈者所以使衆也　康誥曰　如保赤子　心誠求之　雖不中不遠矣　未有學養子而後嫁者也　一家仁　一國興仁　一家讓　一國興讓　一人貪戾　一國作亂　其機如此　此謂一言僨事　一人定國　堯舜率天下以仁　而民從之　桀紂率天下以暴　而民從之　其所令反其所好　而民不從　是故君子有諸己　而后求諸人　無諸己　而后非諸人　所藏乎身不恕　而能喩諸人者　未之有也　故治國在齊其家

【意味】

【出典】

【語釈】

【備考】

【訳文】

7（　）

秋九月晉侯飲趙盾酒　伏甲　將攻之　其右提彌明知之　趨登　曰　臣侍君宴　過三爵非禮也　遂扶以下　公嗾夫獒焉　明搏而殺之　盾曰　弃人用犬　雖猛何爲　鬭且出　提彌明死之　初宣子田於首山　舍于翳桑　見靈輒餓　問其病　曰　不食三日矣　食之　舍其半　問之　曰　宦三年矣　未知母之存否　今近焉　請以遺之　使盡之　而爲之簞食與肉　寘諸橐以與之　既而與爲公介　倒戟以禦公徒而免之　問何故　對曰　翳桑之餓人也　問其名居　不告而退　遂自亡也　乙丑趙穿殺靈公於桃園　宣子未出山而復　大史書曰　趙盾弑其君　以示於朝　宣子曰　不然　對曰　子爲正卿　亡不越竟　反不討賊　非子而誰　宣子曰　烏呼　詩曰　我之懷矣　自詒伊慼　其我之謂矣　孔子曰　董狐　古之良史也　書法不隱　趙宣子　古之良大夫也　爲法受惡　惜也　越竟乃免　宣子使趙穿逆公子黑臀于周而立之　壬申朝于武宮

【意味】

【出典】

【語釈】

【備考】

---

【訳文】

8〔　　　　〕

楚子伐陸渾之戎　遂至於雒　觀兵于周疆　定王使王孫滿勞楚子　楚子問鼎之大小輕重焉
對曰　在德不在鼎　昔夏之方有德也　遠方圖物　貢金九牧　鑄鼎象物　百物而爲之備
使民知神姦　故民入川澤山林　不逢不若　螭魅罔兩　莫能逢之　用能協于上下　以承
天休　桀有昏德　鼎遷于商　載祀六百　商紂暴虐　鼎遷于周　德之休明　雖小　重也
其姦回昏亂　雖大　輕也　天祚明德　有所厎止　成王定鼎于郟鄏　卜世三十　卜年七百
天所命也　周德雖衰　天命未改　鼎之輕重　未可問也

【意味】

【出典】

【語釈】

【備考】

---

【訳文】

9〔　〕

楚人獻黿於鄭靈公　公子宋與子家將見　子公之食指動　以示子家　曰　他日我如此　必嘗異味　及入　宰夫將解黿　相視而笑　公問之　子家以告　及食大夫黿　召子公而弗與也　子公怒　染指於鼎　嘗之而出　公怒　欲殺子公　子公與子家謀先　子家曰　畜老猶憚殺之　而況君乎　反譖子家　子家懼而從之　夏弑靈公　書曰鄭公子歸生弑其君夷權不足也　君子曰　仁而不武　無能達也　凡弑君　稱君　君無道也　稱臣　臣之罪也
鄭人立子良　辭曰　以賢　則去疾不足　以順　則公子堅長　乃立襄公　襄公將去穆氏而舍子良　子良不可　曰　穆氏宜存　則固願也　若將亡之　則亦皆亡　去疾何爲　乃舍之皆爲大夫

【意味】

【出典】

【語釈】

【備考】

【訳文】

10〔　〕

晋侯夢大厲　被髮及地　搏膺而踊　曰　殺余孫　不義　余得請於帝矣　壞大門及寢門而入　公懼　入于室　又壞戸　公覺　召桑田巫　巫言如夢　公曰　何如　曰　不食新矣

公疾病　求醫于秦　秦伯使醫緩爲之　未至　公夢疾爲二豎子　曰　彼　良醫也　懼傷我焉逃之　其一曰　居肓之上膏之下　若我何　醫至　曰　疾不可爲也　在肓之上膏之下攻之不可　達之不及　藥不至焉　不可爲也　公曰　良醫也　厚爲之禮而歸之　六月丙午晋侯欲麥　使甸人獻麥　饋人爲之　召桑田巫　示而殺之　將食　張　如厠　陷而卒

小臣有晨夢負公以登天　及日中　負晋侯出諸厠　遂以爲殉

【意味】

【出典】

【語釈】

【備考】

---

【訳文】

11〔　　〕

冬楚子囊伐鄭　討其侵蔡也　子駟子國子耳欲從楚　子孔子蟜子展欲待晉　子駟曰　周詩
有之曰　俟河之清　人壽幾何　兆云詢多　職競作羅　謀之多族　民之多違　事滋無成
民急矣　姑從楚　以紓吾民　晉師至　吾又從之　敬共幣帛　以待來者　小國之道也　犧
牲玉帛　待於二竟　以待彊者而庇民焉　寇不爲害　民不罷病　不亦可乎　子展曰　小所
以事大　信也　小國無信　兵亂日至　亡無日矣　五會之信　今將背之　雖楚救我　將安
用之　親我無成　鄙我是欲　不可從也　不如待晉　晉君方明　四軍無闕　八卿和睦　必
不棄鄭　楚師遼遠　糧食將盡　必將速歸　何患焉　舍之聞之　杖莫如信　完守以老楚
杖信以待晉　不亦可乎　子駟曰　詩云　謀夫孔多　是用不集　發言盈庭　誰敢執其咎
如匪行邁謀　是用不得于道　請從楚　騑也受其咎　乃及楚平

【意味】

【出典】

【語釈】

【備考】

【訳文】

〔12〕

鄭人賂晉侯以師悝師觸師蠲　廣車軘車淳十五乘　甲兵備　凡兵車百乘　歌鐘二肆　及其鎛磬　女樂二八　晉侯以樂之半賜魏絳　曰　子教寡人和諸戎狄以正諸華　八年之中　九合諸侯　如樂之和　無所不諧　請與子樂之　辭曰　夫和戎狄　國之福也　八年之中　九合諸侯　諸侯無慝　君之靈也　二三子之勞也　臣何力之有焉　抑臣願君安其樂而思其終也　詩曰　樂只君子　殿天子之邦　樂只君子　福祿攸同　便蕃左右　亦是帥從　夫樂以安德　義以處之　禮以行之　信以守之　仁以厲之　而後可以殿邦國同福祿來遠人　所謂樂也　書曰　居安思危　思則有備　有備無患　敢以此規　公曰　子之教　敢不承命　抑微子　寡人無以待戎　不能濟河　夫賞　國之典也　藏在盟府　不可廢也　子其受之　魏絳於是乎始有金石之樂　禮也

【意味】

【出典】

【語釈】

【備考】

【訳文】

13〔　〕

子路盛服　見於孔子　子曰　由　是倨倨者何也　夫江始出於岷山　其源可以濫觴　及其至於江津　不舫舟　不避風　則不可以渉　非惟下流水多邪　今爾衣服既盛　顏色充盈　天下且孰肯以非告汝乎　子路趨而出　改服而入　蓋自若也　子曰　由　志之　吾告汝　奮於言者華　奮於行者伐　夫色智而有能者小人也　故君子知之曰知　言之要也　不能曰不能　行之至也　言　要則智　行　至則仁　既仁且智　惡不足哉

【意味】

【出典】

【語釈】

【備考】

【訳文】

14〔一〕

孔子弟子有宓子賤者　仕於魯　爲單父宰　恐魯君聽讒言　使己不得行其政　於是辭行故請君之近史二人　與之倶至官　宓子戒其邑吏　令二史書　方書　輒掣其肘　書不善則從而怒之　二史患之　辭請歸魯　宓子曰　子之書甚不善　子勉而歸矣　二史歸報於君曰　宓子使臣書　而掣臣肘　書惡　而又怒臣　邑吏皆笑之　此臣所以去之而來也　魯君以問孔子　子曰　宓不齊君子也　其才任霸王之佐　屈節治單父　將以自試也　意者以此爲諫乎　公寤　太息而歎曰　此寡人之不肖　寡人亂宓子之政　而責其善者數矣　微二史寡人無以知其過　微夫子　寡人無以自寤　遽發所愛之使　告宓子曰　自今已往　單父非吾有也　從子之制　有便於民者　子決爲之　五年一言其要　宓子敬奉詔　遂得行其政

於是單父治焉　躬敦厚　明親親　尚篤敬　施至仁　加懇誠　到忠信　百姓化之

【意味】

【出典】

【語釈】

【備考】

---

【訳文】

15〔　　　　〕

秦三將軍相謂曰　將襲鄭　鄭今已覺之　往無及已　滅滑　滑　晉之邊邑也　當是時　晉文公喪尙未葬　太子襄公怒曰　秦侮我孤　因喪破我滑　遂墨衰経　發兵遮秦兵於殽　擊之　大破秦軍　無一人得脫者　虜秦三將以歸　文公夫人　秦女也　爲秦三囚將請曰　繆公之怨此三人入於骨髓　願令此三人歸　令我君得自快烹之　晉君許之　歸秦三將　三將至　繆公素服郊迎　嚮三人哭曰　孤以不用百里傒蹇叔言以辱三子　三子何罪乎　子其悉心雪恥　毋怠　遂復三人官秩如故　愈益厚之

【意味】

【出典】

【語釈】

【備考】

【訳文】

16（　　）

三年　章邯等將其卒圍鉅鹿　楚上將軍項羽將楚卒往救鉅鹿　冬　趙高爲丞相　竟案李斯殺之　夏　章邯等戰數卻　二世使人讓邯　邯恐　使長史欣請事　趙高弗見　又弗信　欣恐　亡去　高使人捕追不及　欣見邯曰　趙高用事於中　將軍有功亦誅　無功亦誅　項羽急擊秦軍　虜王離　邯等遂以兵降諸侯　八月己亥　趙高欲爲亂　恐羣臣不聽　乃先設驗持鹿獻於二世　曰　馬也　二世笑曰　丞相誤邪　謂鹿爲馬　問左右　左右或默　或言馬以阿順趙高　或言鹿　高因陰中諸言鹿者以法　後羣臣皆畏高

【意味】

【出典】

【語釈】

【備考】

---

【訳文】

17〔　　　　〕

秦二世元年七月　陳涉等起大澤中　其九月　會稽守通謂梁曰　江西皆反　此亦天亡秦之時也　吾聞先卽制人　後則爲人所制　吾欲發兵　使公及桓楚將　是時桓楚亡在澤中　梁曰　桓楚亡　人莫知其處　獨籍知之耳　梁乃出　誡籍持劍居外待　梁復入　與守坐　曰

請召籍　使受命召桓楚　守曰　諾　梁召籍入　須臾　梁眴籍曰　可行矣　於是籍遂拔劍斬守頭　項梁持守頭　佩其印綬　門下大驚　擾亂　籍所擊殺數十百人　一府中皆慴伏

莫敢起　梁乃召故所知豪吏　諭以所爲起大事　遂舉吳中兵　使人收下縣　得精兵八千人　梁部署吳中豪傑爲校尉候司馬　有一人不得用　自言於梁　梁曰　前時某喪使公主某事　不能辦　以此不任用公　衆乃皆伏　於是梁爲會稽守　籍爲裨將　徇下縣

【意味】

【出典】

【語釈】

【備考】

【訳文】

18（　　）

噲卽帶劍擁盾入軍門　交戟之衞士欲止不內　樊噲側其盾以撞　衞士仆地　噲遂入　披帷
西嚮立　瞋目視項王　頭髮上指　目眥盡裂　項王按劍而跽曰　客何爲者　張良曰　沛公
之參乘樊噲者也　項王曰　壯士　賜之巵酒　則與斗巵酒　噲拜謝　起　立而飲之　項王
曰　賜之彘肩　則與一生彘肩　樊噲覆其盾於地　加彘肩上　拔劍切而啗之　項王曰　壯
士　能復飲乎　樊噲曰　臣死且不避　巵酒安足辭　夫秦王有虎狼之心　殺人如不能擧
刑人如恐不勝　天下皆叛之　懷王與諸將約曰　先破秦入咸陽者王之　今沛公先破秦入咸
陽　豪毛不敢有所近　封閉宮室　還軍霸上　以待大王來　故遣將守關者　備他盜出入與
非常也　勞苦而功高如此　未有封侯之賞　而聽細說　欲誅有功之人　此亡秦之續耳　竊
爲大王不取也　項王未有以應　曰　坐　樊噲從良坐　坐須臾　沛公起如廁　因招樊噲出
　沛公已出　項王使都尉陳平召沛公　沛公曰　今者出　未辭也　爲之柰何　樊噲曰　大
行不顧細謹　大禮不辭小讓　如今人方爲刀俎　我爲魚肉　何辭爲　於是遂去

【意味】

【出典】

【語釈】

【備考】

---

【訳文】

19〔　　〕

項王軍壁垓下　兵少食盡　漢軍及諸侯兵圍之數重　夜聞漢軍四面皆楚歌　項王乃大驚曰
漢皆已得楚乎　是何楚人之多也　項王則夜起　飲帳中　有美人名虞　常幸從　駿馬名
騅　常騎之　於是項王乃悲歌忼慨　自爲詩曰　力拔山兮氣蓋世　時不利兮騅不逝　騅不
逝兮可柰何　虞兮虞兮柰若何　歌數闋　美人和之　項王泣數行下　左右皆泣　莫能仰視

於是項王乃上馬騎　麾下壯士騎從者八百餘人　直夜潰圍南出　馳走　平明　漢軍乃覺
之　令騎將灌嬰以五千騎追之　項王渡淮　騎能屬者百餘人耳　項王至陰陵　迷失道　問
一田父　田父紿曰左　左　乃陷大澤中　以故漢追及之　項王乃復引兵而東　至東城　乃
有二十八騎　漢騎追者數千人

【意味】

【出典】

【語釈】

【備考】

---

【訳文】

20〔　〕

句踐之困會稽也　喟然嘆曰　吾終於此乎　種曰　湯繫夏臺　文王囚羑里　晉重耳犇翟齊小白犇莒　其卒王霸　由是觀之　何遽不爲福乎　吳既赦越　越王句踐反國　乃苦身焦思　置膽於坐　坐臥卽仰膽　飮食亦嘗膽也　曰　女忘會稽之恥邪　身自耕作　夫人自織

食不加肉　衣不重采　折節下賢人　厚遇賓客　振貧弔死　與百姓同其勞　欲使范蠡治國政　蠡對曰　兵甲之事　種不如蠡　塡撫國家　新附百姓　蠡不如種　於是擧國政屬大夫種　而使范蠡與大夫柘稽行成　爲質於吳　二歲而吳歸蠡

【意味】

【出典】

【語釈】

【備考】

【訳文】

21〔　　〕

管仲夷吾者　潁上人也　少時常與鮑叔牙游　鮑叔知其賢　管仲貧困　常欺鮑叔　鮑叔終善遇之　不以爲言　已而鮑叔事齊公子小白　管仲事公子糾　及小白立爲桓公　公子糾死　管仲囚焉　鮑叔遂進管仲　管仲既用　任政於齊　齊桓公以覇　九合諸侯　一匡天下　管仲之謀也　管仲曰　吾始困時　嘗與鮑叔賈　分財利多自與　鮑叔不以我爲貪　知我貧也　吾嘗爲鮑叔謀事而更窮困　鮑叔不以我爲愚　知時有利不利也　吾嘗三仕三見逐於君　鮑叔不以我爲不肖　知我不遭時也　吾嘗三戰三走　鮑叔不以我爲怯　知我有老母也　公子糾敗　召忽死之　吾幽囚受辱　鮑叔不以我爲無恥　知我不羞小節而恥功名不顯于天下也　生我者父母　知我者鮑子也　鮑叔既進管仲　以身下之　子孫世祿於齊　有封邑者十餘世　常爲名大夫　天下不多管仲之賢而多鮑叔能知人也

【意味】

【出典】

【語釈】

【備考】

【訳文】

22〔　　〕

晏平仲嬰者　萊之夷維人也　事齊靈公莊公景公　以節儉力行重於齊　既相齊　食不重肉　妾不衣帛　其在朝　君語及之　卽危言　語不及之　卽危行　國有道　卽順命　無道卽衡命　以此三世顯名於諸侯　越石父賢　在縲紲中　晏子出　遭之塗　解左驂贖之　載歸　弗謝　入閨　久之　越石父請絕　晏子戄然　攝衣冠謝曰　嬰雖不仁　免子於戹　何子求絕之速也　石父曰　不然　吾聞君子詘於不知己而信於知己者　方吾在縲紲中　彼不知我也　夫子既已感寤而贖我　是知己　知己而無禮　固不如在縲紲之中　晏子於是延入爲上客　晏子爲齊相　出　其御之妻從門閒而闚其夫　其夫爲相御　擁大蓋　策駟馬　意氣揚揚　甚自得也　既而歸　其妻請去　夫問其故　妻曰　晏子長不滿六尺　身相齊國名顯諸侯　今者妾觀其出　志念深矣　常有以自下者　今子長八尺　乃爲人僕御　然子之意自以爲足　妾是以求去也　其後夫自抑損　晏子怪而問之　御以實對　晏子薦以爲大夫

【意味】

【出典】

【語釈】

【備考】

【訳文】

23〔　〕

始伍員與申包胥爲交　員之亡也　謂包胥曰　我必覆楚　包胥曰　我必存之　及吳兵入郢　伍子胥求昭王　既不得　乃掘楚平王墓　出其尸　鞭之三百　然後已　申包胥亡於山中　使人謂子胥曰　子之報讎　其以甚乎　吾聞之　人衆者勝天　天定亦能破人　今子故平王之臣　親北面而事之　今至於僇死人　此豈其無天道之極乎　伍子胥曰　爲我謝申包胥曰　吾日莫途遠　吾故倒行而逆施之　於是申包胥走秦告急　求救於秦　秦不許　包胥立於秦廷　晝夜哭　七日七夜不絕其聲　秦哀公憐之　曰　楚雖無道　有臣若是　可無存乎　乃遣車五百乘救楚擊吳　六月敗吳兵於稷　會吳王久留楚求昭王　而闔廬弟夫概乃亡歸自立爲王　闔廬聞之　乃釋楚而歸　擊其弟夫概　夫概敗走　遂奔楚　楚昭王見吳有內亂　乃復入郢　封夫概於堂谿　爲堂谿氏　楚復與吳戰　敗吳　吳王乃歸

【意味】

【出典】

【語釈】

【備考】

【訳文】

越王除道郊迎　身御至舍而問曰　此蠻夷之國　大夫何以儼然辱而臨之　子貢曰　今者吾
說吳王以救魯伐齊　其志欲之而畏越　曰　待我伐越乃可　如此　破越必矣　且夫無報人
之志而令人疑之　拙也　有報人之志　使人知之　殆也　事未發而先聞　危也　三者舉事
之大患　句踐頓首再拜曰　孤嘗不料力　乃與吳戰　困於會稽　痛入於骨髓　日夜焦脣乾
舌　徒欲與吳王接踵而死　孤之願也　遂問子貢　子貢曰　吳王爲人猛暴　羣臣不堪　國
家敝以數戰　士卒弗忍　百姓怨上　大臣內變　子胥以諫死　太宰嚭用事　順君之過以安
其私　是殘國之治也　今王誠發士卒佐之以徼其志　重寶以說其心　卑辭以尊其禮　其伐
齊必也　彼戰不勝　王之福矣　戰勝　必以兵臨晉　臣請北見晉君　令共攻之　弱吳必矣
　其鋭兵盡於齊　重甲困於晉　而王制其敝　此滅吳必矣　越王大說　許諾　送子貢金百
鎰劍一良矛二　子貢不受　遂行

【意味】

【出典】

【語釈】

【備考】

【訳文】

〔25〕

於是說韓宣王曰　韓北有鞏成皐之固　西有宜陽商阪之塞　東有宛穰洧水　南有陘山　地方九百餘里　帶甲數十萬　天下之彊弓勁弩皆從韓出　谿子少府時力距來者　皆射六百步之外　韓卒超足而射　百發不暇止　遠者括蔽洞胸　近者鏑弇心　韓卒之劍戟皆出於冥山棠谿墨陽合賻鄧師宛馮龍淵太阿　皆陸斷牛馬　水截鵠鴈　當敵則斬堅甲鐵幕　革抉㕼芮無不畢具　以韓卒之勇　被堅甲　蹠勁弩　帶利劍　一人當百　不足言也　夫以韓之勁與大王之賢　乃西面事秦　交臂而服　羞社稷而爲天下笑　無大於此者矣　是故願大王孰計之　大王事秦　秦必求宜陽成皐　今茲效之　明年又復求割地　與則無地以給之　不與則弃前功而受後禍　且大王之地有盡而秦之求無已　以有盡之地而逆無已之求　此所謂市怨結禍者也　不戰而地已削矣　臣聞鄙諺曰　寧爲雞口　無爲牛後　今西面交臂而臣事秦何異於牛後乎　夫以大王之賢　挾彊韓之兵　而有牛後之名　臣竊爲大王羞之　於是韓王勃然作色　攘臂瞋目　按劍仰天太息曰　寡人雖不肖　必不能事秦　今主君詔以趙王之教　敬奉社稷以從

【意味】

【出典】

【語釈】

【備考】

【訳文】

齊湣王二十五年　復卒使孟嘗君入秦　昭王卽以孟嘗君爲秦相　人或說秦昭王曰　孟嘗君賢　而又齊族也　今相秦　必先齊而後秦　秦其危矣　於是秦昭王乃止　囚孟嘗君　謀欲殺之　孟嘗君使人抵昭王幸姬求解　幸姬曰　妾願得君狐白裘　此時孟嘗君有一狐白裘直千金　天下無雙　入秦獻之昭王　更無他裘　孟嘗君患之　偏問客　莫能對　最下坐有能爲狗盜者　曰　臣能得狐白裘　乃夜爲狗　以入秦宮臧中　取所獻狐白裘至　以獻秦王幸姬　幸姬爲言昭王　昭王釋孟嘗君　孟嘗君得出　卽馳去　更封傳　變名姓以出關　夜半至函谷關　秦昭公後悔出孟嘗君　求之已去　卽使人馳傳逐之　孟嘗君至關　關法雞鳴而出客　孟嘗君恐追至　客之居下坐者有能爲雞鳴　而雞齊鳴　遂發傳出　出如食頃　秦追果至關　已後孟嘗君出　乃還　始孟嘗君列此二人於賓客　賓客盡羞之　及孟嘗君有秦難　卒此二人拔之　自是之後　客皆服

【意味】

【出典】

【語釈】

【備考】

【訳文】

27（　　）

秦之圍邯鄲　趙使平原君求救　合從於楚　約與食客門下有勇力文武備具者二十人偕　平原君曰　使文能取勝　則善矣　文不能取勝　則歃血於華屋之下　必得定從而還　士不外索　取於食客門下足矣　得十九人　餘無可取者　無以滿二十人　門下有毛遂者　前　自贊於平原君曰　遂聞君將合從於楚　約與食客門下二十人偕　不外索　今少一人　願君卽以遂備員而行矣　平原君曰　先生處勝之門下幾年於此矣　毛遂曰　三年於此矣　平原君曰　夫賢士之處世也　譬若錐之處囊中　其末立見　今先生處勝之門下三年於此矣　左右未有所稱誦　勝未有所聞　是先生無所有也　先生不能　先生留　毛遂曰　臣乃今日請處囊中耳　使遂蚤得處囊中　乃穎脫而出　非特其末見而已　平原君竟與毛遂偕　十九人相與目笑之而未廢也

【意味】

【出典】

【語釈】

【備考】

【訳文】

〔28〕

子楚　秦諸庶孽孫　質於諸侯　車乘進用不饒　居處困　不得意　呂不韋賈邯鄲　見而憐之　曰　此奇貨可居　乃往見子楚　說曰　吾能大子之門　子楚笑曰　且自大君之門　而乃大吾門　呂不韋曰　子不知也　吾門待子門而大　子楚心知所謂　乃引與坐　深語　呂不韋曰　秦王老矣　安國君得爲太子　竊聞安國君愛幸華陽夫人　華陽夫人無子　能立適嗣者獨華陽夫人耳　今子兄弟二十餘人　子又居中　不甚見幸　久質諸侯　卽大王薨　安國君立爲王　則子毋幾得與長子及諸子旦暮在前者爭爲太子矣　子楚曰　然　爲之柰何　呂不韋曰　子貧　客於此　非有以奉獻於親及結賓客也　不韋雖貧　請以千金爲子西游　事安國君及華陽夫人　立子爲適嗣　子楚乃頓首曰　必如君策　請得分秦國與君共之

【意味】

【出典】

【語釈】

【備考】

【訳文】

29（　　）

豫讓者　晉人也　故嘗事范氏及中行氏　而無所知名　去而事智伯　智伯甚尊寵之　及智伯伐趙襄子　趙襄子與韓魏合謀滅智伯　滅智伯之後而三分其地　趙襄子最怨智伯　漆其頭以爲飲器　豫讓遁逃山中　曰　嗟乎　士爲知己者死　女爲說己者容　今智伯知我　我必爲報讎而死　以報智伯　則吾魂魄不愧矣　乃變名姓爲刑人　入宮塗廁　中挾匕首　欲以刺襄子　襄子如廁　心動　執問塗廁之刑人　則豫讓　內持刀兵　曰　欲爲智伯報仇　左右欲誅之　襄子曰　彼義人也　吾謹避之耳　且智伯亡無後　而其臣欲爲報仇　此天下之賢人也　卒醳去之

【意味】

【出典】

【語釈】

【備考】

【訳文】

30〔　〕

信數與蕭何語　何奇之　至南鄭　諸將行道亡者數十人　信度何等已數言上　上不我用

卽亡　何聞信亡　不及以聞　自追之　人有言上曰　丞相何亡　上大怒　如失左右手　居

一二日　何來謁上　上且怒且喜　罵何曰　若亡　何也　何曰　臣不敢亡也　臣追亡者

上曰　若所追者誰　何曰　韓信也　上復罵曰　諸將亡者以十數　公無所追　追信　詐也

何曰　諸將易得耳　至如信者　國士無雙　王必欲長王漢中　無所事信　必欲爭天下

非信無所與計事者　顧王策安所決耳　王曰　吾亦欲東耳　安能鬱鬱久居此乎　何曰　王

計必欲東　能用信　信卽留　不能用　信終亡耳　王曰　吾爲公以爲將　何曰　雖爲將

信必不留　王曰　以爲大將　何曰　幸甚　於是王欲召信拜之　何曰　王素慢無禮　今拜

大將如呼小兒耳　此乃信所以去也　王必欲拜之　擇良日　齋戒　設壇場　具禮　乃可耳

王許之　諸將皆喜　人人各自以爲得大將　至拜大將　乃韓信也　一軍皆驚

【意味】

【出典】

【語釈】

【備考】

【訳文】

31（　　）

韓信使人閒視　知其不用　還報　則大喜　乃敢引兵遂下　未至井陘口三十里　止舍　夜半傳發　選輕騎二千人　人持一赤幟　從閒道萆山而望趙軍　誡曰　趙見我走　必空壁逐我　若疾入趙壁　拔趙幟　立漢赤幟　令其裨將傳飱　曰　今日破趙會食　諸將皆莫信詳應曰　諾　謂軍吏曰　趙已先據便地爲壁　且彼未見吾大將旗鼓　未肯擊前行　恐吾至阻險而還　信乃使萬人先行　出　背水陳　趙軍望見而大笑　平旦　信建大將之旗鼓　鼓行出井陘口　趙開壁擊之　大戰良久　於是信張耳詳弃鼓旗　走水上軍　水上軍開入之復疾戰　趙果空壁爭漢鼓旗　逐韓信張耳　韓信張耳已入水上軍　軍皆殊死戰　不可敗信所出奇兵二千騎　共候趙空壁逐利　則馳入趙壁　皆拔趙旗　立漢赤幟二千　趙軍已不勝　不能得信等　欲還歸壁　壁皆漢赤幟　而大驚　以爲漢皆已得趙王將矣　兵遂亂　遁走　趙將雖斬之　不能禁也　於是漢兵夾擊　大破虜趙軍　斬成安君泜水上　禽趙王歇

【意味】

【出典】

【語釈】

【備考】

【訳文】

〔32〕

於是信問廣武君曰　僕欲北攻燕　東伐齊　何若而有功　廣武君辭謝曰　臣聞敗軍之將
不可以言勇　亡國之大夫　不可以圖存　今臣敗亡之虜　何足以權大事乎　信曰　僕聞之
百里奚居虞而虞亡　在秦而秦霸　非愚於虞而智於秦也　用與不用　聽與不聽也　誠令
成安君聽足下計　若信者亦已爲禽矣　以不用足下　故信得侍耳　因固問曰　僕委心歸計
願足下勿辭　廣武君曰　臣聞智者千慮　必有一失　愚者千慮　必有一得　故曰　狂夫
之言　聖人擇焉　顧恐臣計未必足用　願效愚忠　夫成安君有百戰百勝之計　一旦而失之
軍敗鄗下　身死泜上　今將軍涉西河　虜魏王　禽夏說閼與　一舉而下井陘　不終朝破
趙二十萬衆　誅成安君　名聞海内　威震天下　農夫莫不輟耕釋耒　褕衣甘食　傾耳以待
命者　若此　將軍之所長也　然而衆勞卒罷　其實難用　今將軍欲舉倦獘之兵　頓之燕堅
城之下　欲戰恐久力不能拔　情見勢屈　曠日糧竭　而弱燕不服　齊必距境以自彊也　燕
齊相持而不下　則劉項之權未有所分也　若此者　將軍所短也　臣愚　竊以爲亦過矣　故
善用兵者不以短擊長　而以長擊短

【意味】

【出典】

【語釈】

【備考】

---

【訳文】

33〔　　　　　　〕

吳楚已破　上更以元王子平陸侯禮爲楚王　袁盎爲楚相　嘗上書有所言　不用　袁盎病免居家　與閭里浮沈　相隨行　鬬雞走狗　雒陽劇孟嘗過袁盎　盎善待之　安陵富人有謂盎曰　吾聞劇孟博徒　將軍何自通之　盎曰　劇孟雖博徒　然母死　客送葬車千餘乘　此亦有過人者　且緩急人所有　夫一旦有急叩門　不以親爲解　不以存亡爲辭　天下所望者獨季心劇孟耳　今公常從數騎　一旦有緩急　寧足恃乎　罵富人　弗與通　諸公聞之　皆多袁盎

【意味】

【出典】

【語釈】

【備考】

---

【訳文】

34（　　）

乃上書曰　臣聞天下之通道五　所以行之者三　曰君臣　父子　兄弟　夫婦　長幼之序
此五者天下之通道也　智　仁　勇　此三者天下之通德　所以行之者也　故曰　力行近乎
仁　好問近乎智　知恥近乎勇　知此三者　則知所以自治　知所以自治　然後知所以治人
天下未有不能自治而能治人者也　此百世不易之道也　今陛下躬行大孝　鑒三王　建周
道　兼文武　厲賢予祿　量能授官　今臣弘罷駑之質　無汗馬之勞　陛下過意擢臣弘卒伍
之中　封爲列侯　致位三公　臣弘行能不足以稱　素有負薪之病　恐先狗馬塡溝壑　終無
以報德塞責　願歸侯印　乞骸骨　避賢者路

【意味】

【出典】

【語釈】

【備考】

【訳文】

35（　　　　　　　　　　　　　　　　）

鄙諺曰　不習爲吏　視已成事　又曰　前車覆　後車誡　夫三代之所以長久者　其已事可
知也　然而不能從者　是不法聖智也　秦世之所以亟絶者　其轍跡可見也　然而不避　是
後車又將覆也　夫存亡之變　治亂之機　其要在是矣　天下之命　縣於太子　太子之善
在於早諭教與選左右　夫心未濫而先諭教　則化易成也　開於道術智誼之指　則教之力也
　若其服習積貫　則左右而已　夫胡粵之人　生而同聲　耆欲不異　及其長而成俗　累數
譯而不能相通　行者有雖死而不相爲者　則教習然也　臣故曰選左右早諭教最急　夫教得
而左右正　則太子正矣　太子正而天下定矣　書曰　一人有慶　兆民賴之　此時務也

【意味】

【出典】

【語釈】

【備考】

【訳文】

數月　昭帝卽位　數年　匈奴與漢和親　漢求武等　匈奴詭言武死　後漢使復至匈奴　常惠請其守者與俱　得夜見漢使　具自陳道　教使者謂單于　言天子射上林中　得雁　足有係帛書　言武等在某澤中　使者大喜　如惠語以讓單于　單于視左右而驚　謝漢使曰　武等實在　於是李陵置酒賀武曰　今足下還歸　揚名於匈奴　功顯於漢室　雖古竹帛所載丹靑所畫　何以過子卿　陵雖駑怯　令漢且貰陵罪　全其老母　使得奮大辱之積志　庶幾乎曹柯之盟　此陵宿昔之所不忘也　收族陵家　爲世大戮　陵尙復何顧乎　已矣　令子卿知吾心耳　異域之人　壹別長絕　陵起舞　歌曰　徑萬里兮度沙幕　爲君將兮奮匈奴　路窮絕兮矢刃摧　士衆滅兮名已隤　老母已死　雖欲報恩將安歸　陵泣下數行　因與武決單于召會武官屬　前以降及物故　凡隨武還者九人

【意味】

【出典】

【語釈】

【備考】

【訳文】

37（　）

至成帝時　丞相故安昌侯張禹以帝師位特進　甚尊重　雲上書求見　公卿在前　雲曰　今朝廷大臣上不能匡主　下亡以益民　皆尸位素餐　孔子所謂　鄙夫不可與事君　苟患失之亡所不至者也　臣願賜尚方斬馬劍　斷佞臣一人以厲其餘　上問　誰也　對曰　安昌侯張禹　上大怒　曰　小臣居下訕上　廷辱師傅　罪死不赦　御史將雲下　雲攀殿檻　檻折雲呼曰　臣得下從龍逢比干遊於地下　足矣　未知聖朝何如耳　御史遂將雲去　於是左將軍辛慶忌免冠解印綬　叩頭殿下曰　此臣素著狂直於世　使其言是　不可誅　其言非固當容之　臣敢以死爭　慶忌叩頭流血　上意解　然後得已　及後當治檻　上曰　勿易因而輯之　以旌直臣

【意味】

【出典】

【語釈】

【備考】

---

【訳文】

38〔　　〕

孝武李夫人　本以倡進　初　夫人兄延年性知音　善歌舞　武帝愛之　每爲新聲變曲　聞者莫不感動　延年侍上起舞　歌曰　北方有佳人　絕世而獨立　一顧傾人城　再顧傾人國

寧不知傾城與傾國　佳人難再得　上嘆息曰　善　世豈有此人乎　平陽主因言延年有女弟　上乃召見之　實妙麗善舞　由是得幸　生一男　是爲昌邑哀王　李夫人少而蚤卒　上憐閔焉　圖畫其形於甘泉宮　及衞思后廢後四年　武帝崩　大將軍霍光緣上雅意　以李夫人配食　追上尊號曰孝武皇后

【意味】

【出典】

【語釈】

【備考】

---

【訳文】

39〔　〕

二十四年　武威將軍劉尚擊武陵五溪蠻夷　深入　軍沒　援因復請行　時年六十二　帝愍其老　未許之　援自請曰　臣尚能被甲上馬　帝令試之　援據鞍顧眄　以示可用　帝笑曰矍鑠哉是翁也　遂遣援率中郎將馬武耿舒劉匡孫永等　將十二郡募士及弛刑四萬餘人征五溪　援夜與送者訣　謂友人謁者杜愔曰　吾受厚恩　年迫餘日策　常恐不得死國事　今獲所願　甘心瞑目　但畏長者家兒或在左右　或與從事　殊難得調　介介獨惡是耳　明年春　軍至臨鄉　遇賊攻縣　援迎擊　破之　斬獲二千餘人　皆散走入竹林中

【意味】

【出典】

【語釈】

【備考】

【訳文】

40〔　〕

弘當讌見　御坐新屛風　圖畫列女　帝數顧視之　弘正容言曰　未見好德如好色者　帝卽爲徹之　笑謂弘曰　聞義則服　可乎　對曰　陛下進德　臣不勝其喜　時帝姊湖陽公主新寡　帝與共論朝臣　微觀其意　主曰　宋公威容德器　羣臣莫及　帝曰　方且圖之　後弘被引見　帝令主坐屛風後　因謂弘曰　諺言　貴易交　富易妻　人情乎　弘曰　臣聞　貧賤之知不可忘　糟糠之妻不下堂　帝顧謂主曰　事不諧矣　弘在位五年　坐考上黨太守無所據　免歸第　數年卒　無子　國除

【意味】

【出典】

【語釈】

【備考】

【訳文】

41〔　〕

漢安元年　順帝特下詔告河南尹曰　故長陵令張楷行慕原憲　操擬夷齊　輕貴樂賤　竄跡幽藪　高志確然　獨拔羣俗　前比徵命　盤桓未至　將主者翫習於常　優賢不足　使其難進歟　郡時以禮發遣　楷復告疾不到　性好道術　能作五里霧　時關西人裴優亦能爲三里霧　自以不如楷　從學之　楷避不肯見　桓帝即位　優遂行霧作賊　事覺被考　引楷言從學術　楷坐繫廷尉詔獄　積二年　恒諷誦經籍　作尚書注　後以事無驗　見原還家　建和三年　下詔安車備禮聘之　辭以篤疾不行　年七十　終於家

【意味】

【出典】

【語釈】

【備考】

【訳文】

42〔　　〕

震少好學　受歐陽尚書於太常桓郁　明經博覽　無不窮究　諸儒爲之語曰　關西孔子楊伯起　常客居於湖　不荅州郡禮命數十年　衆人謂之晚暮　而震志愈篤　後有冠雀銜三鱣魚飛集講堂前　都講取魚進曰　蛇鱣者　卿大夫服之象也　數三者　法三台也　先生自此升矣　年五十　乃始仕州郡　大將軍鄧騭聞其賢而辟之　擧茂才　四遷荊州刺史東萊太守當之郡　道經昌邑　故所擧荊州茂才王密爲昌邑令　謁見　至夜懷金十斤以遺震　震曰故人知君　君不知故人　何也　密曰　暮夜無知者　震曰　天知　神知　我知　子知何謂無知　密愧而出　後轉涿郡太守　性公廉　不受私謁　子孫常蔬食步行　故舊長者或欲令爲開産業　震不肯　曰　使後世稱爲清白吏子孫　以此遺之　不亦厚乎

【意味】

【出典】

【語釈】

【備考】

【訳文】

43〔　〕

費長房者　汝南人也　曾爲市掾　市中有老翁賣藥　懸一壺於肆頭　及市罷　輒跳入壺中　市人莫之見　唯長房於樓上覩之　異焉　因往再拜奉酒脯　翁知長房之意其神也　謂之曰　子明日可更來　長房旦日復詣翁　翁乃與俱入壺中　唯見玉堂嚴麗　旨酒甘肴盈衍其中　共飮畢而出　翁約不聽與人言之　後乃就樓上候長房曰　我神仙之人　以過見責　今事畢當去　子寧能相隨乎　樓下有少酒　與卿爲別　長房使人取之　不能勝　又令十人扛之　猶不舉　翁聞　笑而下樓　以一指提之而上　視器如一升許　而二人飮之終日不盡

【意味】

【出典】

【語釈】

【備考】

【訳文】

44〔　〕

矯慎字仲彥　扶風茂陵人也　少好黃老　隱遯山谷　因穴爲室　仰慕松喬導引之術　與馬融蘇章鄉里並時　融以才博顯名　章以廉直稱　然皆推先於慎　汝南吳蒼甚重之　因遺書以觀其志曰　仲彥足下　勤處隱約　雖乘雲行泥　棲宿不同　每有西風　何嘗不歎　蓋聞黃老之言　乘虛入冥　藏身遠遯　亦有理國養人　施於爲政　至如登山絶迹　神不著其證　人不覩其驗　吾欲先生從其可者　於意何如　昔伊尹不懷道以待堯舜之君　方今明明　四海開闢　巢許無爲箕山　夷齊悔入首陽　足下審能騎龍弄鳳　翔嬉雲閒者　亦非狐兎燕雀所敢謀也　慎不荅　年七十餘　竟不肯娶　後忽歸家　自言死日　及期果卒　後人有見慎於敦煌者　故前世異之　或云神僊焉

【意味】

【出典】

【語釈】

【備考】

【訳文】

45〔　〕

前此諸葛誕鄧颺等馳名譽　有四聰八達之誚　帝疾之　時舉中書郎　詔曰　得其人與否
在盧生耳　選舉莫取有名　名如畫地作餠　不可啖也　毓對曰　名不足以致異人　而可以
得常士　常士畏教慕善　然後有名　非所當疾也　愚臣既不足以識異人　又主者正以循名
案常爲職　但當有以驗其後　故古者敷奏以言　明試以功　今考績之法廢　而以毀譽相進
退　故眞僞渾雜　虛實相蒙　帝納其言　卽詔作考課法　會司徒缺　毓舉處士管寧　帝不
能用　更問其次　毓對曰　敦篤至行　則太中大夫韓曁　亮直清方　則司隸校尉崔林　貞
固純粹　則太常常林　帝乃用曁　毓於人及選舉　先舉性行　而後言才　黃門李豐嘗以問
毓　毓曰　才所以爲善也　故大才成大善　小才成小善　今稱之有才而不能爲善　是才不
中器也　豐等服其言

【意味】

【出典】

【語釈】

【備考】

【訳文】

46〔　〕

馬良字季常　襄陽宜城人也　兄弟五人　並有才名　鄕里爲之諺曰　馬氏五常　白眉最良

良眉中有白毛　故以稱之　先主領荊州　辟爲從事　及先生入蜀　諸葛亮亦從後往　良

留荊州　與亮書曰　聞雒城已拔　此天祚也　尊兄應期贊世　配業光國　魄兆見矣　夫變

用雅慮　審貴垂明　於以簡才　宜適其時　若乃和光悅遠　邁德天壤　使時閑於聽　世服

於道　齊高妙之音　正鄭衞之聲　並利於事　無相奪倫　此乃管絃之至　牙曠之調也　雖

非鍾期　敢不擊節　先主辟良爲左將軍掾

【意味】

【出典】

【語釈】

【備考】

【訳文】

47〔　　　　　〕

初　權謂蒙及蔣欽曰　卿今並當塗掌事　宜學問以自開益　蒙曰　在軍中常苦多務　恐不容復讀書　權曰　孤豈欲卿治經爲博士邪　但當令涉獵見往事耳　卿言多務孰若孤　孤少時歷詩書禮記左傳國語　惟不讀易　至統事以來　省三史諸家兵書　自以爲大有所益　如卿二人　意性朗悟　學必得之　寧當不爲乎　宜急讀孫子六韜左傳國語及三史　孔子言終日不食　終夜不寢以思　無益　不如學也　光武當兵馬之務　手不釋卷　孟德亦自謂老而好學　卿何獨不自勉勖邪　蒙始就學　篤志不倦　其所覽見　舊儒不勝　後魯肅上代周瑜　過蒙言議　常欲受屈　肅拊蒙背曰　吾謂大弟但有武略耳　至於今者　學識英博　非復吳下阿蒙　蒙曰　士別三日　即更刮目相待

【意味】

【出典】

【語釈】

【備考】

【訳文】

48〔　〕

籍雖不拘禮教　然發言玄遠　口不臧否人物　性至孝　母終　正與人圍棊　對者求止　籍留與決賭　既而飲酒二斗　舉聲一號　吐血數升　及將葬　食一蒸肫　飲二斗酒　然後臨訣　直言窮矣　舉聲一號　因又吐血數升　毀瘠骨立　殆致滅性　裴楷往弔之　籍散髮箕踞　醉而直視　楷弔唁畢便去　或問楷　凡弔者　主哭　客乃爲禮　籍既不哭　君何爲哭

楷曰　阮籍既方外之士　故不崇禮典　我俗中之士　故以軌儀自居　時人歎爲兩得　籍又能爲青白眼　見禮俗之士　以白眼對之　及嵇喜來弔　籍作白眼　喜不懌而退　喜弟康聞之　乃齎酒挾琴造焉　籍大悦　乃見青眼　由是禮法之士疾之若讎　而帝每保護之

【意味】

【出典】

【語釈】

【備考】

【訳文】

49〔　　　　　〕

初　楚與同郡王濟友善　濟爲本州大中正　訪問銓邑人品狀　至楚　濟曰　此人非卿所能
目　吾自爲之　乃狀楚曰　天才英博　亮拔不羣　楚少時　欲隱居　謂濟曰　當欲枕石漱
流　誤云　漱石枕流　濟曰　流非可枕　石非可漱　楚曰　所以枕流　欲洗其耳　所以漱
石　欲厲其齒　楚少所推服　惟雅敬濟　初　楚除婦服　作詩以示濟　濟曰　未知文生於
情　情生於文　覽之悽然　增伉儷之重

【意味】

【出典】

【語釈】

【備考】

---

【訳文】

〔50〕

陳留衞權又爲思賦作略解　序曰　余觀三都之賦　言不苟華　必經典要　品物殊類　稟之圖籍　辭義瓌瑋　良可貴也　有晉徵士故太子中庶子安定皇甫謐　西州之逸士　耽籍樂道　高尚其事　覽斯文而慷慨　爲之都序　中書著作郎安平張載中書郎濟南劉逵　並以經學洽博　才章美茂　咸皆悅玩　爲之訓詁　其山川土域　草木鳥獸　奇怪珍異　僉皆研精所由　紛散其義矣　余嘉其文　不能默已　聊藉二子之遺忘　又爲之略解　祇增煩重　覽者闕焉　自是之後　盛重於時　文多不載　司空張華見而歎曰　班張之流也　使讀之者盡而有餘　久而更新　於是豪貴之家競相傳寫　洛陽爲之紙貴　初　陸機入洛　欲爲此賦　聞思作之　撫掌而笑　與弟雲書曰　此間有傖父　欲作三都賦　須其成　當以覆酒甕耳　及思賦出　機絶歎伏　以爲不能加也　遂輟筆焉

【意味】

【出典】

【語釈】

【備考】

・

---

【訳文】

51〔　・　〕

蘇厲謂周君曰　敗韓魏　殺犀武　攻趙　取藺離石祁者　皆白起　是攻用兵　又有天命也
今攻梁　梁必破　破則周危　君不若止之　謂白起曰　楚有養由基者　善射　去柳葉者
百步而射之　百發百中　左右皆曰　善　有一人　過曰　善射　可教射也矣　養由基曰
人皆善　子乃曰可教射　子何不代我射之也　客曰　我不能教子支左屈右　夫射柳葉者
百發百中　而不以善息　少焉氣力倦　弓撥矢鉤　一發不中　前功盡矣　今公破韓魏
殺犀武　而北攻趙　取藺離石祁者　公也　公之功甚多　今公又以秦兵出塞　過兩周　踐
韓而以攻梁　一攻而不得　前功盡滅　公不若稱病不出也

【意味】

【出典】

【語釈】

【備考】

【訳文】

〔52〕

今王破宜陽　殘三川　而使天下之士不敢言　雍天下之國　徙兩周之疆　而世主不敢窺陽侯之塞　取黃棘　而韓楚之兵不敢進　王若能爲此尾　則三王不足四　五霸不足六　王若不能爲此尾而有後患　則臣恐諸侯之君河濟之士　以王爲吳智之事也　詩云　行百里者半於九十　此言末路之難　今大王皆有驕色　以臣之心觀之　天下之事　依世主之心　非楚受兵　必秦也　何以知其然也　秦人援魏以拒楚　楚人援韓以拒秦　四國之兵敵　而未能復戰也　齊宋在繩墨之外以爲權　故曰　先得齊宋者伐　秦先得齊宋　則韓氏鑠　韓氏鑠　則楚孤而受兵也　楚先得之　則魏氏鑠　魏氏鑠　則秦孤而受兵矣　若隨此計而行之　則兩國者　必爲天下笑矣

【意味】

【出典】

【語釈】

【備考】

【訳文】

53〔　〕

昭陽爲楚伐魏　覆軍殺將　得八城　移兵而攻齊　陳軫爲齊王使見昭陽　再拜賀戰勝　起而問　楚之法　覆軍殺將　其官爵何也　昭陽曰　官爲上柱國　爵爲上執珪　陳軫曰　異貴於此者　何也　曰　唯令尹耳　陳軫曰　令尹貴矣　王非置兩令尹也　臣竊爲公譬　可乎　楚有祠者　賜其舍人一巵酒　舍人相謂曰　數人飲之不足　一人飲之有餘　請各畫地爲蛇　先成者飲酒　一人蛇先成　引酒且飲　乃左手持巵　右手畫蛇　曰　吾能爲之足足未成　一人之蛇成　奪其巵　曰　蛇固無足　子安得爲之足　遂飲其酒　爲蛇足者　終亡其酒　今君相楚而攻魏　破軍殺將　得八城　又移兵欲攻齊　齊畏公甚　公以是爲名足矣　官之上非可重也　戰無不勝而不知止者　身且死　爵且僾　猶爲蛇足也　昭陽以爲然　解軍而去

【意味】

【出典】

【語釈】

【備考】

【訳文】

54〔　〕

荊宣王問群臣曰　吾聞北方之畏昭奚恤也　果誠何如　群臣莫對　江乙對曰　虎求百獸而食之　得狐　狐曰　子無敢食我也　天帝使我長百獸　今子食我　是逆天帝之命也　子以我不信　我爲子先行　子隨我後　觀百獸之見我而敢不走乎　虎以爲然　故遂與之行　獸見之　皆走　虎不知獸畏己而走也　以爲畏狐也　今王之地方五千里　帶甲百萬　而專屬之於昭奚恤　故北方之畏昭奚恤也　其實畏王之甲兵也　猶百獸之畏虎也

【意味】

【出典】

【語釈】

【備考】

【訳文】

55〔　　〕

魏王欲攻邯鄲　季梁聞之　中道而反　衣焦不申　頭塵不去　往見王曰　今者臣來　見人於大行　方北面而持其駕　告臣曰　我欲之楚　臣曰　君之楚　將奚爲北面　曰　吾馬良　臣曰　馬雖良　此非楚之路也　曰　吾用多　臣曰　用雖多　此非楚之路也　曰　吾御者善　此數者愈善而離楚愈遠耳　今王動欲成霸王　舉欲信於天下　恃王國之大　兵之精銳　而攻邯鄲　以廣地尊名　王之動愈數　而離王愈遠耳　猶至楚而北行也

【意味】

【出典】

【語釈】

【備考】

【訳文】

〔56〕

鄒孟軻之母也　號孟母　其舍近墓　孟子之少也　嬉遊爲墓間之事　踴躍築埋　孟母曰　此非吾所以居處子也　乃去　舍市傍　其嬉戲爲賈人衒賣之事　孟母又曰　此非吾所以居處子也　復徙舍學宮之傍　其嬉遊乃設俎豆　揖讓進退　孟母曰　眞可以居吾子矣　遂居之　及孟子長　學六藝　卒成大儒之名　君子謂孟母善以漸化　詩云　彼姝者子　何以予之　此之謂也　自孟子之少也　既學而歸　孟母方績　問曰　學何所至矣　孟子曰　自若也　孟母以刀斷其織　孟子懼而問其故　孟母曰　子之廢學　若吾斷斯織也　夫君子學以立名　問則廣知　是以居則安寧　動則遠害　今而廢之　是不免于厮役　而無以離于禍患也　何以異于織績而食　中道廢而不爲　寧能衣其夫子而長不乏糧食哉　女則廢其所食　男則墮于脩德　不爲竊盗　則爲虜役矣　孟子懼　旦夕勤學不息　師事子思　遂成天下之名儒　君子謂孟母知爲人母之道矣　詩云　彼姝者子　何以告之　此之謂也

【意味】

【出典】

【語釈】

【備考】

---

【訳文】

57〔　〕

晉平公欲伐齊　使范昭往觀焉　景公觴之　飲酒酣　范昭曰　請君之棄罇　公曰　酌寡人
之罇　進之于客　范昭已飲　晏子曰　徹罇　更之　罇觶具矣　范昭佯醉　不説而起舞
謂太師曰　能爲我調成周之樂乎　吾爲子舞之　太師曰　冥臣不習　范昭趨而出　景公謂
晏子曰　晉　大國也　使人來將觀吾政　今子怒大國之使者　將奈何　晏子曰　夫范昭之
爲人也　非陋而不知禮也　且欲試吾君臣　故絶之也　景公謂太師曰　子何以不爲客調成
周之樂乎　太師對曰　夫成周之樂　天子之樂也　調之　必人主舞之　今范昭人臣　欲舞
天子之樂　臣故不爲也　范昭歸以報平公曰　齊未可伐也　臣欲試其君　而晏子識之　臣
欲犯其禮　而太師知之　仲尼聞之曰　夫不出于尊俎之間　而知千里之外　其晏子之謂也
　可謂折衝矣　而太師其與焉

【意味】

【出典】

【語釈】

【備考】

【訳文】

梁惠王曰　寡人之於國也　盡心焉耳矣　河內凶　則移其民於河東　移其粟於河內　河東凶亦然　察鄰國之政　無如寡人之用心者　鄰國之民不加少　寡人之民不加多　何也　孟子對曰　王好戰　請以戰喩　塡然鼓之　兵刃既接　棄甲曳兵而走　或百步而後止　或五十步而後止　以五十步笑百步　則何如　曰　不可　直不百步耳　是亦走也　曰　王如知此　則無望民之多於鄰國也　不違農時　穀不可勝食也　數罟不入洿池　魚鼈不可勝食也

斧斤以時入山林　材木不可勝用也　穀與魚鼈不可勝食　材木不可勝用　是使民養生喪死無憾也　養生喪死無憾　王道之始也　五畝之宅　樹之以桑　五十者可以衣帛矣　雞豚狗彘之畜　無失其時　七十者可以食肉矣　百畝之田　勿奪其時　數口之家可以無飢矣　謹庠序之教　申之以孝悌之義　頒白者不負戴於道路矣　七十者衣帛食肉　黎民不飢不寒

然而不王者　未之有也　狗彘食人食而不知檢　塗有餓莩而不知發　人死　則曰　非我也　歲也　是何異於刺人而殺之　曰　非我也　兵也　王無罪歲　斯天下之民至焉

【意味】

【出典】

【語釈】

【備考】

【訳文】

〔59〕

曰　然則王之所大欲可知已　欲辟土地朝秦楚　莅中國而撫四夷也　以若所爲求若所欲猶緣木而求魚也　王曰　若是其甚與　曰　殆有甚焉　緣木求魚　雖不得魚　無後災　以若所爲求若所欲　盡心力而爲之　後必有災　曰　可得聞與　曰　鄒人與楚人戰　則王以爲孰勝　曰　楚人勝　曰　然則小固不可以敵大　寡固不可以敵衆　弱固不可以敵彊　海內之地　方千里者九　齊集有其一　以一服八　何以異於鄒敵楚哉　蓋亦反其本矣　今王發政施仁　使天下仕者皆欲立於王之朝　耕者皆欲耕於王之野　商賈皆欲藏於王之市　行旅皆欲出於王之塗　天下之欲疾其君者　皆欲赴愬於王　其若是孰能禦之　王曰　吾惛不能進於是矣　願夫子輔吾志　明以教我　我雖不敏　請嘗試之

【意味】

【出典】

【語釈】

【備考】

【訳文】

〔60〕

敢問夫子惡乎長　曰　我知言　我善養吾浩然之氣　敢問何謂浩然之氣　曰　難言也　其爲氣也　至大至剛　以直養而無害　則塞于天地之閒　其爲氣也　配義與道　無是餒也　是集義所生者　非義襲而取之也　行有不慊於心　則餒矣　我故曰　告子未嘗知義　以其外之也　必有事焉　而勿正　心勿忘　勿助長也　無若宋人然　宋人有閔其苗之不長而揠之者　芒芒然歸　謂其人曰　今日病矣　予助苗長矣　其子趨而往視之　苗則槁矣　天下之不助苗長者寡矣　以爲無益而舍之者　不耘苗者也　助之長者　揠苗者也　非徒無益而又害之

【意味】

【出典】

【語釈】

【備考】

【訳文】

61〔　　〕

當堯之時　天下猶未平　洪水橫流　氾濫於天下　草木暢茂　禽獸繁殖　五穀不登　禽獸
偪人　獸蹄鳥跡之道　交於中國　堯獨憂之　舉舜而敷治焉　舜使益掌火　益烈山澤而焚
之　禽獸逃匿　禹疏九河　瀹濟漯　而注諸海　決汝漢　排淮泗　而注之江　然後中國可
得而食也　當是時也　禹八年於外　三過其門而不入　雖欲耕　得乎　后稷教民稼穡　樹
藝五穀　五穀熟而民人育　人之有道也　飽食煖衣　逸居而無教　則近於禽獸　聖人有憂
之　使契爲司徒　教以人倫　父子有親　君臣有義　夫婦有別　長幼有序　朋友有信　放
勳曰　勞之來之　匡之直之　輔之翼之　使自得之　又從而振德之　聖人之憂民如此　而
暇耕乎

【意味】

【出典】

【語釈】

【備考】

【訳文】

62〔　〕

公都子曰　匡章　通國皆稱不孝焉　夫子與之遊　又從而禮貌之　敢問何也　孟子曰　世俗所謂不孝者五　惰其四支　不顧父母之養　一不孝也　博弈好飲酒　不顧父母之養　二不孝也　好貨財　私妻子　不顧父母之養　三不孝也　從耳目之欲　以爲父母戮　四不孝也　好勇鬭很　以危父母　五不孝也　章子有一於是乎　夫章子　子父責善　而不相遇也　責善　朋友之道也　父子責善　賊恩之大者　夫章子豈不欲有夫妻子母之屬哉　爲得罪於父不得近　出妻屛子　終身不養焉　其設心以爲不若是　是則罪之大者　是則章子已矣

【意味】

【出典】

【語釈】

【備考】

【訳文】

63〔　　〕

君子曰　學不可以已　靑　取之於藍　而靑於藍　冰　水爲之　而寒於水　木直中繩　輮以爲輪　其曲中規　雖有槁暴不復挺者　輮使之然也　故木受繩則直　金就礪則利　君子博學而日參省乎己　則智明而行無過矣　故不登高山　不知天之高也　不臨深谿　不知地之厚也　不聞先王之遺言　不知學問之大也　干越夷貉之子　生而同聲　長而異俗　敎使之然也　詩曰　嗟　爾君子　無恒安息　靖共爾位　好是正直　神之聽之　介爾景福　神莫大於化道　福莫長於無禍

【意味】

【出典】

【語釈】

【備考】

【訳文】

64〔　　　　〕

南方有鳥焉　名曰蒙鳩　以羽爲巣　而編之以髮　繫之葦苕　風至苕折　卵破子死　巣非
不完也　所繫者然也　西方有木焉　名曰射干　莖長四寸　生於高山之上　而臨百仞之淵
　木莖非能長也　所立者然也　蓬生麻中　不扶而直　白沙在涅與之倶黑　蘭槐之根是爲
芷　其漸之滫　君子不近　庶人不服　其質非不美也　所漸者然也　故君子居必擇鄉　遊
必就士　所以防邪僻而近中正也

【意味】

【出典】

【語釈】

【備考】

【訳文】

65〔　〕

文學曰　古者明其仁義之誓　使民不踰乎上　刑之不教而殺　是以虐也　與其刑不可踰不若義之不可踰也　聞禮義行而刑罰中　未聞刑罰行而孝悌興也　高牆狹基　不可立矣嚴法峻刑　不可久也　二世信趙高之計　渫篤責而任誅斷　刑者半道　死者日積　殺民多者爲忠　厲民悉者爲能　百姓不勝其求　黔首不勝其刑　海內同憂　而俱不聊生　故過往之事　父不得於子　無已之求　君不得於臣　死不再生　窮鼠齧貍　匹夫奔萬乘　舍人折弓　陳勝吳廣是也　當此之時　天下期俱起　方面而攻秦　聞不一期而社稷爲墟　惡在其能制羣下　而久守其國也　御史默然不對

【意味】

【出典】

【語釈】

【備考】

【訳文】

66〔　〕

杞國　有人憂天地崩墜　身亡所寄　廢寢食者　又有憂彼之所憂者　因往曉之曰　天積氣耳　亡處亡氣　若屈伸呼吸　終日在天中行止　柰何憂崩墜乎　其人曰　天果積氣　日月星宿不當墜邪　曉之者曰　日月星宿亦積氣中之有光耀者　只使墜　亦不能有所中傷　其人曰　柰地壞何　曉者曰　地積塊耳　充塞四虛　亡處亡塊　若躇步跐蹈　終日在地上行止　柰何憂其壞　其人舍然大喜　曉之者亦舍然大喜　長廬子聞而笑之曰　虹蜺也　雲霧也　風雨也　四時也　此積氣之成乎天者也　山岳也　河海也　金石也　火木也　此積形之成乎地者也　知積氣也　知積塊也　奚謂不壞　夫天地空中之一細物　有中之最巨者　難終難窮　此固然矣　難測難識　此固然矣　憂其壞者　誠爲大遠　言其不壞者　亦爲未是　天地不得不壞　則會歸於壞　遇其壞時　奚爲不憂哉　子列子聞而笑曰　言天地壞者亦謬　言天地不壞者亦謬　壞與不壞　吾所不能知也　雖然彼一也　此一也　故生不知死　死不知生　來不知去　去不知來　壞與不壞　吾何容心哉

【意味】

【出典】

【語釈】

【備考】

---

【訳文】

67〔　〕

仲尼閒居　子貢入侍　而有憂色　子貢不敢問　出告顏回　顏回援琴而歌　孔子聞之　果召回入　問曰　若奚獨樂　回曰　夫子奚獨憂　孔子曰　先言爾志　曰　吾昔聞之夫子曰　樂天知命　故不憂　回所以樂也　孔子愀然有閒曰　有是言哉　汝之意失矣　此吾昔日之言爾　請以今言爲正也　汝徒知樂天知命之無憂　未知樂天知命有憂之大也　今告若其實　脩一身任窮達　知去來之非我　亡變亂於心慮　爾之所謂樂天知命之無憂也　曩吾脩詩書　正禮樂　將以治天下　遺來世　非但脩一身　治魯國而已　而魯之君臣　日失其序　仁義益衰　情性益薄　此道不行一國與當年　其如天下與來世矣　吾始知詩書禮樂無救於治亂　而未知所以革之之方　此樂天知命者之所憂　雖然吾得之矣　夫樂而知者　非古人之所謂樂知也　無樂無知　是眞樂直知　故無所不樂　無所不知　無所不憂　無所不爲　詩書禮樂何棄之有　革之何爲　顏回北面拜手曰　回亦得之矣　出告子貢　子貢茫然自失　歸家淫思七日　不寝不食　以至骨立　顏回重往喻之　乃反丘門　絃歌誦書　終身不輟

【意味】

【出典】

【語釈】

【備考】

【訳文】

太形王屋二山　方七百里　高萬仞　本在冀州之南　河陽之北　北山愚公者　年且九十面山而居　懲山北之塞　出入之迂也　聚室而謀曰　吾與汝畢力平險　指通豫南　達于漢陰　可乎　雜然相許　其妻獻疑曰　以君之力　曾不能損魁父之丘　如太行王屋何　且焉置土石　雜曰　投諸渤海之尾　隱土之北　遂率子孫荷擔者三夫　叩石墾壤　箕畚運於渤海之尾　鄰人京城氏之孀妻有遺男　始齔　跳往助之　寒暑易節　始一反焉　河曲智叟笑而止之曰　甚矣　汝之不惠　以殘年餘力　曾不能毀山之一毛　其如土石何　北山愚公長息曰　汝心之固　固不可徹　曾不若孀妻弱子　雖我之死　有子存焉　子又生孫　孫又生子　子又有子　子又有孫　子子孫孫無窮匱也　而山不加增　何若而不平　河曲智叟亡以應　操蛇之神聞之　懼其不已也　告之於帝　帝感其誠　命夸蛾氏二子負二山　一厝朔東一厝雍南　自此冀之南漢之陰　無隴斷焉

【意味】

【出典】

【語釈】

【備考】

---

【訳文】

69〔　　〕

甘蠅古之善射者　彀弓而獸伏鳥下　弟子名飛衛　學射於甘蠅　而巧過其師　紀昌者又學射於飛衛　飛衛曰　爾先學不瞬　而後可言射矣　紀昌歸偃臥其妻之機下　以目承牽挺三年之後　雖錐末倒眥而不瞬　以告飛衛　飛衛曰　未也　亞學視　而後可　視小如大視微如著　而後告我　昌以氂懸蝨於牖　南面而望之　旬日之閒浸大也　三年之後如車輪焉　以覩餘物皆丘山也　乃以燕角之弧朔蓬之簳射之　貫蝨之心而懸不絕　以告飛衛　飛衛高蹈拊膺曰　汝得之矣　紀昌既盡衛之術　計天下之敵己者一人而已　乃謀殺飛衛　相遇於野　二人交射　中路矢鋒相觸　而墜於地而塵不揚　飛衛之矢先窮　紀昌遺一矢　既發　飛衛以棘刺之端扞之而無差焉　於是二子泣而投弓　相拜於塗　請爲父子　剋臂以誓不得告術於人

【意味】

【出典】

【語釈】

【備考】

---

【訳文】

楊子之鄰人亡羊　既率其黨　又請楊子之豎追之　楊子曰　嘻　亡一羊　何追者之衆　鄰
人曰　多岐路　既反　問獲羊乎　曰　亡之矣　曰　奚亡之　曰　岐路之中又有岐焉　吾
不知所之　所以反也　楊子戚然變容　不言者移時　不笑者竟日　門人怪之　請曰　羊賤
畜　又非夫子之有　而損言笑者何哉　楊子不答　門人不獲所命　弟子孟孫陽出以告心都
子　心都子他日與孟孫陽偕入而問曰　昔有昆弟三人　游齊魯之閒　同師而學　進仁義之
道而歸　其父曰　仁義之道若何　伯曰　仁義使我愛身而後名　仲曰　仁義使我殺身以成
名　叔曰　仁義使我身名竝全　彼三術相反而同出於儒　孰是孰非邪　楊子曰　人有濱河
而居者　習於水勇於泅　操舟鬻渡　利供百口　裹糧就學者成徒　而溺死者幾半　本學泅
不學溺　而利害如此　若以爲孰是孰非　心都子嘿然而出　孟孫陽讓之曰　何吾子問之迂
　夫子答之僻　吾惑愈甚　心都子曰　大道以多岐亡羊　學者以多方喪生　學非本不同
非本不一　而末異若是　唯歸同反一　爲亡得喪　子長先生之門　習先生之道　而不達先
生之況也　哀哉

【意味】

【出典】

【語釈】

【備考】

【訳文】

71〔 〕

子貢反　以告孔子曰　彼何人者邪　脩行無有　而外其形骸　臨尸而歌　顏色不變　無以命之　彼何人者邪　孔子曰　彼遊方之外者也　而丘遊方之內者也　外內不相及　而丘使女往弔之　丘則陋矣　彼方且與造物者爲人　而遊乎天地之一氣　彼以生爲附贅縣疣　以死爲決疣潰癰　夫若然者　又惡知死生先後之所在　假於異物　託於同體　亡其肝膽　遺其耳目　反覆終始　不知端倪　芒然彷徨乎塵垢之外　逍遙乎無爲之業　彼又惡能憒憒然爲世俗之禮　以觀衆人之耳目哉

【意味】

【出典】

【語釈】

【備考】

【訳文】

72〔　〕

昔者黃帝始以仁義攖人之心　堯舜於是乎股無胈脛無毛　以養天下之形　愁其五藏以爲仁
義　矜其血氣以規法度　然猶有不勝也　堯於是放讙兜於崇山　投三苗於三峗　流共工於
幽都　此不勝天下也　夫施及三王　而天下大駭矣　下有桀跖　上有曾史　而儒墨畢起
於是乎喜怒相疑　愚知相欺　善否相非　誕信相譏　而天下衰矣　大德不同　而性命爛漫
矣　天下好知　而百姓求竭矣　於是乎釿鋸制焉　繩墨殺焉　椎鑿決焉　天下脊脊大亂
罪在攖人心　故賢者伏處大山嵁巖之下　而萬乘之君憂慄乎廟堂之上　今世殊死者相枕也
桁楊者相推也　刑戮者相望也　而儒墨乃始離跂攘臂乎桎梏之閒　意　甚矣哉　其無愧
而不知恥也　甚矣　吾未知聖知之不爲桁楊椄槢也　仁義之不爲桎梏鑿枘也　焉知曾史之
不爲桀跖嚆矢也　故曰　絕聖棄知　而天下大治

【意味】

【出典】

【語釈】

【備考】

【訳文】

73〔　　〕

堯観乎華　華封人曰　嘻　聖人　請祝聖人　使聖人壽　堯曰　辭　使聖人富　堯曰　辭
使聖人多男子　堯曰　辭　封人曰　壽富多男子　人之所欲也　女獨不欲　何邪　堯曰
多男子則多懼　富則多事　壽則多辱　是三者　非所以養德也　故辭　封人曰　始也
我以女爲聖人邪　今然君子也　天生萬民　必授之職　多男子而授之職　則何懼之有　富
而使人分之　則何事之有　夫聖人　鶉居而鷇食　鳥行而無彰　天下有道　則與物皆昌
天下無道　則脩德就閒　千歲厭世　去而上僊　乘彼白雲　至于帝鄕　三患莫至　身常無
殃　則何辱之有　封人去之　堯隨之曰　請問　封人曰　退已

【意味】

【出典】

【語釈】

【備考】

---

【訳文】

世之所貴道者　書也　書不過語　語有貴也　語之所貴者　意也　意有所隨　意之所隨者
　不可以言傳也　而世因貴言傳書　世雖貴之哉　猶不足貴也　爲其貴非其貴也　故視而
可見者　形與色也　聽而可聞者　名與聲也　悲夫　世人以形色名聲　爲足以得彼之情
夫形色名聲　果不足以得彼之情　則知者不言　言者不知　而世豈識之哉　桓公讀書於堂
上　輪扁斲輪於堂下　釋椎鑿而上　問桓公曰　敢問　公之所讀爲何言邪　公曰　聖人之
言也　曰　聖人在乎　公曰　已死矣　曰　然則君之所讀者　古人之糟魄已夫　桓公曰
寡人讀書　輪人安得議乎　有說則可　無說則死　輪扁曰　臣也　以臣之事觀之　斲輪
徐則甘而不固　疾則苦而不入　不徐不疾　得之於手而應於心　口不能言　有數存焉於其
閒　臣不能以喩臣之子　臣之子亦不能受之於臣　是以行年七十而老斲輪　古之人　與其
不可傳也　死矣　然則君之所讀者　古人之糟魄已夫

【意味】

【出典】

【語釈】

【備考】

---

【訳文】

75〔　　〕

夫水行莫如用舟　而陸行莫如用車　以舟之可行於水也　而求推之於陸　則沒世不行尋常
　古今非水陸與　周魯非舟車與　今蘄行周於魯　是猶推舟於陸也　勞而無功　身必有殃
　彼未知夫無方之傳　應物而不窮者也　且子獨不見夫桔槔者乎　引之則俯　舍之則仰
彼人之所引　非引人也　故俯仰而不得罪於人　故夫三皇五帝之禮義法度　不矜於同而矜
於治　故譬三皇五帝之禮義法度　其猶柤梨橘柚邪　其味相反而皆可於口　故禮義法度者
　應時而變者也　今取猨狙而衣以周公之服　彼必齕齧挽裂　盡去而後慊　觀古今之異
猶猨狙之異乎周公也　故西施病心而矉其里　其里之醜人見而美之　歸亦捧心而矉其里
其里之富人見之　堅閉門而不出　貧人見之　挈妻子而去之走　彼知美矉　而不知矉之所
以美　惜乎　而夫子其窮哉

【意味】

【出典】

【語釈】

【備考】

【訳文】

秋水時至　百川灌河　涇流之大　兩涘渚崖之閒　不辯牛馬　於是焉河伯欣然自喜　以天下之美爲盡在己　順流而東行　至於北海　東面而視　不見水端　於是焉河伯始施其面目望洋向若而歎曰　野語有之曰　聞道百　以爲莫己若者　我之謂也　且夫我嘗聞少仲尼之聞　而輕伯夷之義者　始吾弗信　今我睹子之難窮也　吾非至於子之門　則殆矣　吾長見笑於大方之家　北海若曰　井鼃不可以語於海者　拘於虛也　夏蟲不可以語於冰者　篤於時也　曲士不可以語於道者　束於教也　今爾出於崖涘　觀於大海　乃知爾醜　爾將可與語大理矣

【意味】

【出典】

【語釈】

【備考】

【訳文】

77（　）

徐無鬼出　女商曰　先生獨何以說吾君乎　吾所以說吾君者　橫說之　則以詩書禮樂　從說之　則以金板六弢　奉事而大有功者　不可爲數　而吾君未嘗啓齒　今先生何以說吾君　使吾君悅若此乎　徐無鬼曰　吾直告之吾相狗馬耳　女商曰　若是乎　曰　子不聞夫越之流人乎　去國數日　見其所知而喜　去國旬月　見所嘗見於國中者喜　及期年也　見似人者而喜矣　不亦去人滋久　思人滋深乎　夫逃虛空者　藜藋柱乎鼪鼬之逕　踉位其空　聞人足音跫然而喜矣　有況乎昆弟親戚之謦欬其側者乎　久矣夫　莫以眞人之言謦欬吾君之側乎

【意味】

【出典】

【語釈】

【備考】

---

【訳文】

78〔　　〕

魏瑩與田侯牟約　田侯牟背之　魏瑩怒　將使人刺之　犀首聞而恥之曰　君爲萬乘之君也　而以匹夫從讎　衍請受甲二十萬　爲君攻之　虜其人民　係其牛馬　使其君內熱發於背　然後拔其國　忌也出走　然後抶其背　折其脊　季子聞而恥之曰　築十仞之城　城者旣十仞矣　則又壞之　此胥靡之所苦也　今兵不起七年矣　此王之基也　衍亂人　不可聽也　華子聞而醜之曰　善言伐齊者　亂人也　善言勿伐者　亦亂人也　謂伐之與不伐亂人也者　又亂人也　君曰　然則若何　曰　君求其道而已矣　惠子聞之而見戴晉人　戴晉人曰　有所謂蝸者　君知之乎　曰　然　有國於蝸之左角者　曰觸氏　有國於蝸之右角者　曰蠻氏　時相與爭地而戰　伏尸數萬　逐北旬有五日而後反　君曰　噫　其虛言與　曰　臣請爲君實之　君以意在四方上下　有窮乎　君曰　無窮　曰　知遊心於無窮　而反在通達之國　若存若亡乎　君曰　然　曰　通達之中有魏　於魏中有梁　於梁中有王　王與蠻氏有辯乎　君曰　無辯　客出　而君惝然若有亡也

【意味】

【出典】

【語釈】

【備考】

---

【訳文】

79〔　　〕

惠施多方　其書五車　其道舛駁　其言也不中　歷物之意曰　至大無外　謂之大一　至小無內　謂之小一　無厚不可積也　其大千里　天與地卑　山與澤平　日方中方睨　物方生方死　大同而與小同異　此之謂小同異　萬物畢同畢異　此之謂大同異　南方無窮而有窮　今日適越　而昔來　連環可解也　我知天下之中央　燕之北越之南　是也　汜愛萬物天地一體也　惠施以此爲大　觀於天下　而曉辯者　天下之辯者相與樂之　卵有毛　雞三足　郢有天下　犬可以爲羊　馬有卵　丁子有尾　火不熱　山出口　輪不蹍地　目不見指不至　至不絕　龜長於蛇　矩不方　規不可以爲圓　鑿不圍枘　飛鳥之景　未嘗動也鏃矢之疾　而有不行不止之時　狗非犬　黃馬驪牛三　白狗黑　孤駒未嘗有母　一尺之捶日取其半　萬世不竭　辯者以此與惠施相應　終身無窮

【意味】

【出典】

【語釈】

【備考】

【訳文】

80〔　　〕

凡有地牧民者　務在四時　守在倉廩　國多財　則遠者來　地辟舉　則民留處　倉廩實則知禮節　衣食足　則知榮辱　上服度　則六親固　四維張　則君令行　故省刑之要　在禁文巧　守國之度　在飾四維　順民之經　在明鬼神　祇山川　敬宗廟　恭祖舊　不務天時　則財不生　不務地利　則倉廩不盈　野蕪曠　則民乃菅　上無量　則民乃妄　文巧不禁　則民乃淫　不璋兩原　則刑乃繁　不明鬼神　則陋民不悟　不祇山川　則威令不聞　不敬宗廟　則民乃上校　不恭祖舊　則孝悌不備　四維不張　國乃滅亡

【意味】

【出典】

【語釈】

【備考】

【訳文】

81〔　〕

夫爭彊之國　必先爭謀　爭刑　爭權　令人主一喜一怒者　謀也　令國一輕一重者　刑也　令兵一進一退者　權也　故精於謀　則人主之願可得　而令可行也　精於刑　則大國之地可奪　彊國之兵可圍也　精於權　則天下之兵可齊　諸侯之君可朝也　夫神聖視天下之刑　知世之所謀　知兵之所攻　知地之所歸　知令之所加矣　夫兵攻所憎而利之　此鄰國之所不親也　權動所惡　而實寡歸者　彊　擅破一國　彊在後世者　王　擅破一國　彊在鄰國者　亡

【意味】

【出典】

【語釈】

【備考】

【訳文】

82〔　　　　〕

昔者彌子瑕有寵於衛君　衛國之法　竊駕君車者罪刖　彌子瑕母病　人閒往夜告彌子　彌子矯駕君車以出　君聞而賢之　曰　孝哉　爲母之故　忘其刖罪　異日與君遊於果園　食桃而甘　不盡　以其半啗君　君曰　愛我哉　忘其口味　以啗寡人　及彌子色衰愛弛　得罪於君　君曰　是固嘗矯駕吾車　又嘗啗我以餘桃　故彌子之行　未變於初也　而以前之所以見賢　而後獲罪者　愛憎之變也　故有愛於主　則智當而加親　有憎於主　則智不當見罪而加疏　故諫說談論之士　不可不察愛憎之主而後說焉　夫龍之爲蟲也　柔可狎而騎也　然其喉下有逆鱗徑尺　若人有嬰之者　則必殺人　人主亦有逆鱗　說者能無嬰人主之逆鱗　則幾矣

【意味】

【出典】

【語釈】

【備考】

【訳文】

83〔　〕

鴟夷子皮事田成子　田成子去齊　走而之燕　鴟夷子皮負傳而從　至望邑　子皮曰　子獨不聞涸澤之蛇乎　涸澤蛇將徙　有小蛇　謂大蛇曰　子行而我隨之　人以爲蛇之行者耳　必有殺子　不如相銜負我以行　人以我爲神君也　乃相銜負以越公道而行　人皆避之曰　神君也　今子美而我惡　以子爲我上客　千乘之君也　以子爲我使者　萬乘之卿也　子不如爲我舍人　田成子因負傳而隨之　至逆旅　逆旅之君　待之甚敬　因獻酒肉

【意味】

【出典】

【語釈】

【備考】

【訳文】

84〔　〕

書曰　紳之束之　宋人有治者　因重帶自紳束也　人曰　是何也　對曰　書言之　固然

書曰　既雕既琢　還歸其樸　梁人有治者　動作言學　舉事於文　曰　雕之顧失其實　人曰　是何也　對曰　書言之　固然　郢人有遺燕相國書者　夜書　火不明　因謂持燭者曰　舉燭云　而過書舉燭　舉燭非書意也　燕相受書而說之曰　舉燭者　尚明也　尚明也者　舉賢而任之　燕相白王　大說　國以治　治則治矣　非書意也　今世學者　多似此類

鄭人有且買履者　先自度其足　而置之其坐　至之市　而忘操之　已得履乃曰　吾忘持度　反歸取之　及反市罷　遂不得履　人曰　何不試之以足　曰　寧信度　無自信也

【意味】

【出典】

【語釈】

【備考】

【訳文】

85〔　〕

宋襄公與楚人戰於涿谷上　宋人既成列矣　楚人未及濟　右司馬購彊趨而諫曰　楚人衆而宋人寡　請使楚人半涉　未成列而擊之　必敗　襄公曰　寡人聞之　君子不重傷　不擒二毛　不推人於險　不迫人於阨　不鼓不成列　今楚未濟而擊之　害義　請使楚人畢涉成陣而後鼓士進之　右司馬曰　君不愛宋民　腹心不完　特爲義耳　公曰　不反列　且行法　右司馬反列　楚人已成列撰陣矣　公乃鼓之　宋人大敗　公傷股　三日而死　此乃慕自親仁義之禍　夫必恃人主之躬自親而後民聽從　是則將令人主耕以爲食　服戰雁行也　民乃肯耕戰　則人主不泰危乎　而人臣不泰安乎

【意味】

【出典】

【語釈】

【備考】

---

【訳文】

86〔　〕

今曰　堯舜得勢而治　桀紂得勢而亂　吾非以堯舜爲不然也　雖然非人之所得設也　夫堯舜生而在上位　雖有十桀紂不能亂者　則勢治也　桀紂亦生而在上位　雖有十堯舜而亦不能治者　則勢亂也　故曰　勢治者則不可亂　而勢亂者則不可治也　此自然之勢也　非人之所得設也　若吾所言　謂人之所得設也而已矣　賢何事焉　何以明其然也　人有鬻矛與楯者　譽其楯之堅　物莫能陷也　俄而又譽其矛曰　吾矛之利　物無不陷也　人應之曰以子之矛陷子之楯何如　其人弗能應也　以爲不可陷之楯與無不陷之矛爲名　不可兩立也

夫賢之爲勢不可禁　而勢之爲道也無不禁　以不可禁之勢與無不禁之道　此矛楯之說也

夫賢勢之不相容亦明矣

【意味】

【出典】

【語釈】

【備考】

【訳文】

87〔　〕

宋人有耕田者　田中有株　兎走觸株　折頸而死　因釋其耒而守株　冀復得兎　兎不可復得　而身爲宋國笑　今欲以先王之政治當世之民　皆守株之類也　古者丈夫不耕　草木之實足食也　婦女不織　禽獸之皮足衣也　不事力而養足　人民少而財有餘　故民不爭　是以厚賞不行　重罰不用　而民自治　今人有五子　不爲多　子又有五子　大父未死　而有二十五孫　是以人民衆而貨財寡　力勞而供養薄　故民爭　雖倍賞累罰　而不免於亂　堯之王天下也　茅茨不翦　采椽不斲　糲粢之食　藜藿之羹　冬日麑裘　夏日葛衣　雖監門之服養　不虧於此矣　禹之王天下也　身執耒臿　以爲民先　股無胈　脛不生毛　雖臣虜之勞　不苦於此矣　以是言之　夫古之讓天下者　是去監門之養　而離臣虜之勞也　故傳天下　而不足多也　今之縣令　一日身死　子孫累世絜駕　故人重之　是以人之於讓也　輕辭古之天子　難去今之縣令者　薄厚之實異也

【意味】

【出典】

【語釈】

【備考】

【訳文】

88〔　　　　　　　　〕

夫不敢議法者　衆庶也　以死守者　有司也　因時變法者　賢主也　是故有天下七十一聖其法皆不同　非務相反也　時勢異也　故曰良劍期乎斷　不期乎鏌鋣　良馬期乎千里不期乎驥驁　夫成功名者　此先王之千里也　楚人有涉江者　其劍自舟中墜於水　遽契其舟曰　是吾劍之所從墜　舟止　從其所契者入水求之　舟已行矣　而劍不行　求劍若此不亦惑乎　以此故法爲其國與此同　時已徙矣　而法不徙　以此爲治　豈不難哉　有過於江上者　見人方引嬰兒而欲投之江中　嬰兒啼　人問其故　曰　此其父善游　其父雖善游其子豈遽善游哉　此任物亦必悖矣　荊國之爲政　有似於此

【意味】

【出典】

【語釈】

【備考】

---

【訳文】

89〔　〕

水之性眞清　而土汨之　人性安靜　而嗜欲亂之　夫人之所受於天者　耳目之於聲色也
口鼻之於芳臭也　肌膚之於寒燠也　其情一也　或通於神明　或不免於癡狂者　何也　其
所爲制者異也　是故神者智之淵也　淵清則智明矣　智者心之府也　智公則心平矣　人莫
鑑於流沫　而鑑於止水者　以其靜也　莫窺形於生鐵　而窺於明鏡者　以覩其易也　夫唯
易且靜　形物之性也　由此觀之　用也必假之於弗用也　是故虛室生白　吉祥止也　夫鑑
明者　塵垢弗能薶　神清者　嗜欲弗能亂　精神已越於外　而事復返之　是失之於本　而
求之於末也　外內無符　而欲與物接　幣其玄光　而求知之于耳目　是釋其炤炤　而道其
冥冥也　是之謂失道　心有所至　而神喟然在之　反之於虛　則消鑠滅息　此聖人之游也
　故古之治天下也　必達乎性命之情　其擧錯未必同也　其合於道一也

【意味】

【出典】

【語釈】

【備考】

【訳文】

90〔　　〕

夫禍福之轉而相生　其變難見也　近塞上之人　有善術者　馬無故亡而入胡　人皆弔之　其父曰　此何遽不爲福乎　居數月　其馬將胡駿馬而歸　人皆賀之　其父曰　此何遽不能爲禍乎　家富良馬　其子好騎　墮而折其髀　人皆弔之　其父曰　此何遽不爲福乎　居一年　胡人大入塞　丁壯者引弦而戰　近塞之人　死者十九　此獨以跛之故　父子相保　故福之爲禍　禍之爲福　化不可極　深不可測也

【意味】

【出典】

【語釈】

【備考】

---

【訳文】

91〔　〕

蠶食桑老　績而爲蠒　蠒又化而爲蛾　蛾有兩翼　變去蠶形　蠐螬化爲復育　復育轉而爲蟬　蟬生兩翼　不類蠐螬　凡諸命蠕蜚之類　多變其形　易其體　至人獨不變者　稟得正也　生爲嬰兒　長爲丈夫　老爲父翁　從生至死　未嘗變更者　天性然也　天性不變者不可令復變　變者　不可令不變　若夫變者之壽　不若不變者　人欲變其形　輒增益其年可也　如徒變其形　而年不增　則蟬之類也　何謂人願之　龍之爲蟲　一存一亡　一短一長　龍之爲性也　變化斯須　輒復非常　由此言之　人　物也　受不變之形　形不可變更　年不可增減

【意味】

【出典】

【語釈】

【備考】

---

【訳文】

漢魏以來　羣言彌繁　雖義深於玄淵　辭贍於波濤　施之可以臻徵祥於天上　發嘉瑞於后土　召環雉於大荩之外　安圜堵於函夏之內　近弭禍亂之階　遠垂長世之祉　然時無聖人目其品藻　故不得騁驊騄之迹於千里之塗　編近世之道於三墳之末也　拘繫之徒　桎梏淺隘之中　挈瓶訓詁之閒　輕奇賤異　謂爲不急　或云小道不足觀　或云廣博亂人思　而不識合錙銖可以齊重於山陵　聚百十可以致數於億兆　羣色會而衮藻麗　衆音雜而韶濩和也　或貴愛詩賦淺近之細文　忽薄深美富博之子書　以磋切之至言爲騃拙　以虛華之小辯爲妍巧　眞僞顚倒　玉石混淆　同廣樂於桑閒　鈞龍章於卉服　悠悠皆然　可歎可慨者也

【意味】

【出典】

【語釈】

【備考】

【訳文】

故善用兵者　譬如率然　率然者常山之蛇也　擊其首則尾至　擊其尾則首至　擊其中則首尾倶至　敢問　兵可使如率然乎　曰　可　夫吳人與越人相惡也　當其同舟而濟遇風　其相救也　如左右手　是故方馬埋輪　未足恃也　齊勇若一　政之道也　剛柔皆得　地之理也　故善用兵者　攜手若使一人　不得已也　將軍之事　靜以幽　正以治　能愚士卒之耳目　使之無知　易其事　革其謀　使人無識　易其居　迂其途　使人不得慮　帥與之期如登高而去其梯　帥與之深入諸侯之地　而發其機　焚舟破釜　若驅郡羊　驅而往　驅而來　莫知所之　聚三軍之衆　投之於險　此謂將軍之事也　九地之變　屈伸之利　人情之理　不可不察

【意味】

【出典】

【語釈】

【備考】

【訳文】

94〔　　　　〕

臣亮言　先帝創業未半　而中道崩徂　今天下三分　益州罷弊　此誠危急存亡之秋也　然侍衛之臣不懈於内　忠志之士亡身於外者　蓋追先帝之遇　欲報之於陛下也　誠宜開張聖聽　以光先帝遺德　恢志士之氣　不宜妄自菲薄　引喩失義　以塞忠諫之路也　宮中府中俱爲一體　陟罰臧否　不宜異同　若有作姦犯科及爲忠善者　宜付有司　論其刑賞　以昭陛下平明之理　不宜偏私　使内外異法也

【意味】

【出典】

【語釈】

【備考】

---

【訳文】

95（　）

臣本布衣　躬耕於南陽　苟全性命於亂世　不求聞達於諸侯　先帝不以臣卑鄙　猥自枉屈

三顧臣於草廬之中　諮臣以當世之事　由是感激　遂許先帝以驅馳　後値傾覆　受任於

敗軍之際　奉命於危難之間　爾來二十有一年矣　先帝知臣謹愼　故臨崩寄臣以大事也

受命以來　夙夜憂嘆　恐託付不效　以傷先帝之明　故五月度瀘　深入不毛　今南方已定

兵甲已足　當獎帥三軍　北定中原　庶竭駑鈍　攘除姦凶　興復漢室　還于舊都　此臣

之所以報先帝而忠陛下之職分也

【意味】

【出典】

【語釈】

【備考】

【訳文】

96〔　〕

夫以一縷之任　係千鈞之重　上懸之無極之高　下垂之不測之淵　雖甚愚之人　猶知哀其將絕也　馬方駭　鼓而驚之　係方絕　又重鎭之　係絕於天　不可復結　墜入深淵　難以復出　其出不出　間不容髮　能聽忠臣之言　百擧必脫　必若所欲爲　危於累卵　難於上天　變所欲爲　易於反掌　安於泰山　今欲極天命之上壽　弊無窮之極樂　究萬乘之勢不出反掌之易　居泰山之安　而欲乘累卵之危　走上天之難　此愚臣之所大惑也

【意味】

【出典】

【語釈】

【備考】

【訳文】

97〔　　〕

於是南岳獻嘲　北壟騰笑　列壑爭譏　攢峯竦誚　慨遊子之我欺　非無人以赴弔　故其林慙無盡　磵愧不歇　秋桂遺風　春蘿罷月　騁西山之逸議　馳東皐之素謁　今又促裝下邑浪拽上京　雖情投於魏闕　或假步於山扃　豈可使芳杜厚顏　薜茘無恥　碧嶺再辱　丹崖重滓　塵游躅於蕙路　汙淥池以洗耳　宜扃岫幌　掩雲關　斂輕霧　藏鳴湍　截來轅於谷口　杜妄轡於郊端　於是叢條瞋膽　疊穎怒魄　或飛柯以折輪　乍低枝而掃跡　請迴俗士駕　爲君謝逋客

【意味】

【出典】

【語釈】

【備考】

【訳文】

98〔　〕

夫未遇伯樂　則千載無一驥　時値龍顏　則當年控三傑　漢之得材　於斯爲貴　高祖雖不以道勝御物　羣下得盡其忠　蕭曹雖不以三代事主　百姓不失其業　靜亂庇人　抑亦其次　夫時方顚沛　則顯不如隱　萬物思治　則默不如語　是以古之君子　不患弘道難　遭時難　遭時匪難　遇君難　故有道無時　孟子所以咨嗟　有時無君　賈生所以垂泣　夫萬歲一期　有生之通塗　千載一遇　賢智之嘉會　遇之不能無欣　喪之何能無慨　古人之言信有情哉

【意味】

【出典】

【語釈】

【備考】

【訳文】

99〔　〕

昔帝纘皇　王纘帝　隨前踵古　或無爲而治　或損益而亡　豈知新室委心積意　儲思垂務
　旁作穆穆　明旦不寐　勤勤懇懇者　非秦之爲與　夫不勤勤　則前人不當　不懇懇　則
學德不愷　是以發祕府　覽書林　遙集乎文雅之囿　翺翔乎禮樂之場　胤殷周之失業　紹
唐虞之絕風　懿律嘉量　金科玉條　神卦靈兆　古文畢發　煥炳照曜　靡不宣臻　式軨軒
旂旗以示之　揚和鸞肆夏以節之　施黼黻袞冕以昭之　正嫁娶送終以尊之　親九族淑賢以
穆之　夫改定神祇　上儀也　欽修百祀　咸秩也　明堂雍臺　壯觀也　九廟長壽　極孝也
　制成六經　洪業也　北懷單于　廣德也　若復五爵　度三壤　經井田　免人役　方甫刑
匡馬法　恢崇祇庸爍德懿和之風　廣彼搢紳講習言諫箴誦之塗　振鷺之聲充庭　鴻鸞之
黨漸階　俾前聖之緒　布濩流衍而不韞韣　郁郁乎煥哉

【意味】

【出典】

【語釈】

【備考】

【訳文】

100〔　〕

秦孝公據殽函之固　擁雍州之地　君臣固守　以窺周室　有席卷天下　包舉宇內　囊括四
海之意　并吞八荒之心　當是時也　商君佐之　內立法度　務耕織　修守戰之具　外連衡
而鬭諸侯　於是秦人拱手而取西河之外　孝公既沒　惠文武昭　蒙故業　因遺策　南取漢
中　西舉巴蜀　東割膏腴之地　收要害之郡　諸侯恐懼　會盟而謀弱秦　不愛珍器重寶肥
饒之地　以致天下之士　合從締交　相與爲一　當此之時　齊有孟嘗　趙有平原　楚有春
申　魏有信陵　此四君者　皆明智而忠信　寬厚而愛人　尊賢而重士　約從離橫　兼韓魏
燕趙宋衞中山之衆　於是六國之士　有甯越徐尚蘇秦杜赫之屬爲之謀　齊明周最陳軫召滑
樓緩翟景蘇厲樂毅之徒通其意　吳起孫臏帶佗兒良王廖田忌廉頗趙奢之倫制其兵

【意味】

【出典】

【語釈】

【備考】

【訳文】

中国故事成語百選　ワークブック

二〇〇三年一〇月三一日　発行

定価（本体）二、〇〇〇円

編　者　岩　本　憲　司

発行者　石　坂　叡　志

印刷所　富　士　リ　プ　ロ

発行所　汲　古　書　院

〒102-0072　東京都千代田区飯田橋二－五－四

電　話〇三（三二六五）九七六四

ＦＡＸ〇三（三二二二）一八四五



ISBN4－7629－2696－5　C3039

KYUKO－SHOIN, Co, Ltd. Tokyo